Helma Gerjets

Mit eten un backen dör`t Johr

Impressum:

Helma Gerjets
Mit eten und backen dör´t Johr
1. Auflage im Novmeber 2018

ISBN: 9783748165804

Lektorat: Danke an die Lektoren

Herausgeber V.i.S.P.

Selbstverlag Helma Gerjets
Oldenburger Straße 11
26 835 Hesel
04950 9877655
herbert.gerjets@ewetel.net

Fotos:

Helma Gerjets

Herstellung und Verlag:

BoD – Books on Demand –
Norderstedt

Copyright:

Helma Gerjets
Henning H. Hinrichs

Wat in dit Book steiht:

Januar:

Besöök mit Samtogen

Manuela keem in Köken un verschruck sik düchtig. Direkt vör ehr Kökenfenster stunnen twee Reh un freten dat letzt Gröön van de Rosen. Se gung ganz leise na Greta un Jelko un reep ehr: „Kaamt graad her. Ji mööt aver schlieken as so Indioners. Ik hebb en Överraschung för jo." Flink kemen se bi de Trepp andaal. Se kunnen dat sogaar up Tohnenspitzen un ganz sinnig.

Mit groot Ogen stunnen de beiden nu vör't Fenster un trouen sik nich, sik to röhren. Dat weer to mooi, wo de beid Reh daar an't freten weren. Jelko flüster upgeregt: „Mama, kiek maal, wat de för groot Ogen hebbt un de hebbt ganz schwart Schnuten. Aver waarüm hebbt de denn ganz kien Höörns?" Nu weer sien Papa ok rinkomen. „Wööt ji wat, no 't Fröhstück kiekt wi all mitnanner in d ' Computer to. Daar steiht seker wat över Reh in."

Greta un Jelko kunnen sik gar nich satt sehn. Do klöter Mama wat luter mit   dat Plöötz. De bang Deerten schrucken tohoop, keken üm sik to un rönnen na den Busch rin. Weg weren se weer! Schaa!   De Kinner fröhstücken nu ganz flink. Se wullen mit Papa Simon in sien Arbeidskamer. De Beiden drängeln sik mit ehr Papa üm de Bildschirm. Mooi Biller harren se al funnen. „Hier steiht, dat man de am ehesten in schummerdüstern andröppt. Enkelt, poorwies oder ok ganz Families. De heet denn Sprung. Dat sünd denn mestens de Moders, de heet Ricken un ehr Kitz, de Kinner. Dat Sömmerfell is roodbruun un dat Winterfell mehr graubruun. Hier steiht aver noch wat. Hebbt ji denn sehn, wat de besünners hebbt?"

„De harren doch en schwarten Schnuut un nich rood so as anner Deerten." harr Greta beobacht. „Jo, aver de hebbt noch en Achtersteven. Daar hebbt se en witten Fleck un de heet Spegel. Se hebbt ok man so en lütten Stummelsteert un de is in de witt Fleck verburgen. Hööms schmiet de Rehbück, also de männlich Deerten in Harvst af un in Winter wasst denn en neei Geweih. De buterst Huut rifft he an Bööm af un wiest so ok: Hier is mien Revier! Kumm mi nich to noh! De Tied nöömt de Jägers Fegetied.

Reh köönt düchtig good hören. Se hebbt temelk groot Ohren. Kieken köönt se nich so good. Se erkeent heller un dunkel un Bewegung. De lütt Rehkitz erkeent man an de witt Punkten up Rügg. Se werd van ehr Mamas mit en Fiepen ropen, de Papas klingt aver bolt as en Hund, de bleekt. Wenn de Reh freet, nöömt man dat äsen."

Greta un Jelko harren ganz gespannt toluurt. Dat Leven hier so dicht an d´ Busch weer so interessant. Nu harren se faker maal Besöök van Reh.

Ruug Jungs mit Melkstipp

Pellkartuffels

250g Schinkenwürfels
2-3   Schalotten
1 El   Margarin
2-3 El Mehl
1 l   Melk
Solt

De Tuffels mit Puul un mit wat Solt gaar koken.
Nu de Schinkenwürfels in dat Margarin utlaten un
sinnig anbraden. Denn de würfelt Schalotten daarto
doon un ok glasig braden. Mit dat Mehl afstuven un
na un na mit dat Melk aflöschen. Langsaam döör
koken laten. Mit Solt afschmecken.
Daarto schmeckt de afpuult Tuffels un braden
Hergens oder ok Bismarkhering.

Pellkartoffeln mit Milchsoße

Pellkartoffeln

250g Schinkenwürfel
2-3   Zwiebeln
1 El   Margarine
2-3 El Mehl
1 l   Milch
Salz

Die Kartoffeln mit Schale und mit etwas Salz garen.
Jetzt die Schinkenwürfel in der Margarine auslassen
und langsam anbraten.Dann die gewürfelten Zwiebeln
dazu geben und glasig dünsten. Mit dem Mehl

abstauben un nach und nach mit der Milch ablöschen. Langsam durchkochen lassen. Mit Salz abschmecken. Dazu passen die gepellten Kartoffeln und Brathering oder Bismarkhering.

Februar

De Voss

„Hebbt ji sehn, wat daar lopen de? Daar schleek en Voss lang. Nu schuult he de Schlootskant lang na de Busch rin. He hett seker up Beutetour ween." Simon weer mit sien Kinner up Padd no de Backer. Se wullen Brötkers holen för en mooi Fröhstück. Dat weer noch gar nich richtig leecht, so froh an moorn. „Ji köönt na Herrn Dahlke gohn un de frogen." antwort he sien Kinner up ehr Fraag, wat de Voss denn freet. Simon wull ehr nix verkehrts vertellen.

Glieks no ehr Familienfröhstück maken sik Greta un Jelko up Padd hat. Weren ji denn al in düstern ünnerwegens? De Vöss sünd nämlich meest nachts un in schummerdüstern up ehr Beutezug. De sütt man aver immer alleen." Jelko froog: „Wat freet de denn?" „Oh", meen de Förster, „hebbt ji dat noch nie hört? De Voss is de Polizei des Waldes. De fangt sik lütt Deerten, de so groot sünd as en Kaninken oder en Henn. Eier, Beeren un anner Früchte mag he ok. Aver all Deerten, de doot in Busch liggt, to´n Bispill Vögels oder Hosen oder Stücken van grötter Wild frett he. He is en Aasfreter. In Winterdag bi Ies un Schnee bruukt de nich schmachten."

„Ji wööt nu ja wo en Voss utsütt mit sien bruun Fell un sien buschigen langen Steert. Mit wat för en Deert hett de Ähnlichkeit? Wat meent ji?" Greta wuss dat: „ De sütt ut as en Hund. Ik hebb nämlich eerst dacht, daar schleek en Hund hen. Aver de Voss leep ganz anners." „Dat hest du good beobacht. En Voss sett de Fööt immer direkt vörnanner. Daarüm nöömt wi dat ok Perlengang. Sien Revier markiert he aver nett as en Hund döör Urin. De Voss kann düchtig good hören mit sien groot, liek upstohend Ohren un kieken kann he ok good, sogaar in düstern."

„Waar wohnt de Vossfamilie denn?" wull Jelko wöten. „De Voss wohnt in en Bou, faken tosamen mit Kaninkens oder Dachsen. Hier kriegt de Vöss ok ehr Jungen. Dat köönt bit to tein Stück werden. Wenn de so fiev bit sess Week sünd, kaamt se ut ehr Bou kropen. Denn speelt se daarvör mitnanner. De Mama gifft ehr eerst noch Melk, aver se kriegt ok al Müüs oder anner lütt Fleeschstücken to freten. Mestens fangt de Voss aver krank oder old Deerten. Daarmit rüümt he ok de Busch up. Manchmaal geiht de Voss ok dicht an Hüüs ran. Wenn denn de Höhner, Göös un Aanten nich insperrt sünd, kunn dat ok en mooi Mohltied för en Voss werden. Also passt up jo Höhner up!"

Greta un Jelko wunnern sik, wat dat all över en Voss to vertellen geev un wat Herr Dahlke all wuss. Se bedanken sik bi hüm un gungen up Huus an. De beiden harren soveel lehrt.

Gröönkohl

1,5 kg infroren Gröönkohl
1   Schalott
250 g frisch Buukspeck beten Kassler
4   frisch Wurst
4   Kohlpinkel en Poor Eetlepel Hoferflocken
Solt, Peper
Mustard
1-2 El Margarin

Dat Gröönkohl mit wenig Water, de würfelt Schalott
un dat Buukspeck un denn Kassler ungefähr 2
Stünnen gaar koken. Nu de Würst upleggen un en
Poor Eetlepel Hoferflocken daarto geven. Wieder
koken laten. Tüschenin de solten Tuffels goren. Nu
dat Fleesch up en Plaat anrichten un dat Gröönkohl
mit Solt, Peper un Senf afschmecken. Noch wat
Margarin döörröhren. Tosamen mit de Tuffels up
Disch kriegen.

Grünkohl

1,5 kg TK – Grünkohl
1   Zwiebel
250 g frischen Bauch
etwas Kassler
4   frische Würste
4   Kohlpinkel
einige Esslöffel Haferflocken
Salz, Pfeffer
Senf

1-2 El Margarine

Den Grünkohl mit wenig Wasser, der gewürfelten
Zwiebel und dem Bauch und dem Kassler ca 2
Stunden gar kochen. Jetzt die Würste darauf legen und
einige Esslöffel Haferflocken dazu geben. Weiter
kochen lassen. Nebenher Salzkartoffeln garen. Jetzt
das Fleisch auf einer Platte anrichten und den
Grünkohl mit Salz, Pfeffer und Senf abschmecken.
Etwas Margarine unterrühren. Zusammen mit den
Salzkartoffeln servieren.

März

Dat Störkennüst

van Herbert Gerjets ut Reepsholt
Vör Johren weer hier in Hoheesch noch immer
en bewohnt Störkennüst. So lang de Lüü
torügg denken kunnen, throon daar boven en
Störkenpaar. De Lüü van Hoheesch freuen sük,
wenn in´t Vörjahr dat Störkenpaar lannen de.

„De Störken bringt Glück!" see en old
Burenfroo. „Se schützt uns Huus vör Füür un
Blitz."
Veel Minschen in Hoheesch hopen, dat van dat
Glück, dat de Störken mitbringen deen, ok wat
för dat ganze Dörp affallen de. Dat geev aver
ok welk, de nich an dat Störkenglück glöven.
Se freuen sük eenfach daaran, dat dat disse
selten Vögels immer noch geev un dat twee
daarvan utgerekent in ehr Dörp dat Vörjahr un
deen Sömmer verbringen deen üm ehr Jungen
uptotrecken.

In veel Dörper kemen al lang kien Störken
mehr. Anfang Märt gungen de Buren mit en
langen Ledder hen un keken of dat Störkennüst
daar boven up deen Ekenboom noch in Örnung
weer oder of dat uparbeid werden muß. Ennen
Märt kunnen de Störken al ut Afrika torügg
ween.

Üm disse Tied keken de Lü van Hoheesch
jeden Dag no dat Störkennüst. Oder se luren,

17

of dat Geklapper van de Snabels al to hören weer. Ok de Kinner kunnen de Ankunft van de Störken bold nich aftöven. „Wieso kaamt de dit Jahr denn so laat?" frogen se.

„Dit Jahr weer en harten Winter, viellicht sünd se daarüm later losflogen?" Aver weten de dat ok nüms.
Blot trotz al versöken dat later kamen van de Störken to erklären, glööv Anfang April nüms mehr daaran, dat de Störken dit Jahr noch kemen. De Kinner wünschen sük to Ostern lever en Nüst mit twee Störken, as Eier. Aver de Oosterhaas kunn hör ok nich helpen.

Dat Störkennüst bleev los. Se sünd nich weer komen.   De old Burenfroo klaag: „Dat is en slecht Theken. Well schall uns Huus nu vör Füür un Blitz beschützen?" „ Kien Angst, Oma!" beruhig ehr Grootkind. „Wi hebbt doch all en Blitzafleiter." Aver of dat all so eenfach is????

Zitronenkook

250g Margarin
240g Zucker
3   Eier
1   Zitroon (afreben un Saft)
340g Mehl
1 P. Backpulver
150g Naturjoghurt
½ P. Puderzucker
1   Zitronensaft

De Deegtodaten mitnanner verröhren un in en Förm
füllen. Backen bi 180° för 50 Min.
Dat Saft van de tweede Zitroon mit dat Puderzucker
verröhren un över de Kook verdelen.

Zitronenkuchen

250g Margarine
240g Zucker
3   Eier
1   Zitrone (Abrieb und Saft)
340g Mehl
1 P. Backpulver
150g Naturjoghurt
½ P. Puderzucker
1 Zitronensaft

Die Teigzutaten miteinander verrühren und in eine
Form füllen. Backen bei 180° für 50 Min.
Den Saft von der zweiten Zitrone mit dem
Puderzucker verrühren und über dem Kuchen
verteilen.

April

Schlecht Geweten

Jeden Dag gung Elke hen un lever de Zeitung bi ehr Fründin Malene af. Se delen sik so de Kösten. Faken dreep se denn ok up Malene ehr Katt Fritzi un ok up de Höhner. De leet se free rümlopen. „Jo", weer Malene ehr Meenung, „ ik will nich, dat de de ganze Dag in Huck oder Utloop verbringen mööt. De loopt nich weg!" Meesttieds kraben se ja ok wat bi Huus rüm, un Elke harr immer en Woort för ehr. Man dit Maal wunner Elke sik: De Höhner lepen all anner Kant Straat. Se steeg ut ehr Auto un see: „ Tüdis, wat maakt ji denn daar? Striekt ji bi d` Navers lang? So geiht dat aver nich!" Do kemen de Köpp hoch un all Höhner kemen ankakeln: Toock, tock, tock, toock. Dat mööt in Höhnerspraak woll soveel heten at: Dat wullen wi aver nich. Dat maakt wi ok nich weer! Dat klung, at wenn se sik entschülligen wullen. Gaanz flink versammeln sik de Höhner bi Huus un fungen daar an to kraben. „Nu blieft ok hier!" kregen se noch van Elke to hören. „Daar över d` Straat fahrt Autos. De fahrt jo över. Ji mööt doch Eier leggen!"

Falschen Haas mit Tuffelspalten

1 kg   Gehacktes (halv un halv)
2   Eier
2   Schalotten
3-4 El Paniermehl
Solt, Peper, Chili, Paprika
Mustard
2-3 hartkookt Eier
Kartuffels
groff Meersolt
wat Öl

Gehacktes,   Eier,   Paniermehl,   würfelt   Schalotten

mischen un mit de Gewürzen kräftig afschmecken. Tüschenin de dree Eier in acht Minuten hart koken. Nu dat Hackfleesch in en Uploopförm oder en Kastenförm füllen. De afpuult Eier in Midden van de Deeg versteken. Mit Hackfleesch bedecken. Nu de Hackfleischdeeg ca 60 Min bi 200° C in Backovend goren.

Tuffels düchtig waschen un in Spalten schnieden. Nu up en Blick verdelen un mit groff Meersolt würzen. En beten Öl daar över drüppeln. De kaamt en halven Stünnen mit in Backovend.
De Hackbraden wurd up Schieven schneden un mit de Tuffels anricht. Daarto passt en grönen Salaad.

Falscher Hase mit Kartoffelecken

1 kg gemischtes Hackfleisch
2 Eier
2 Zwiebeln
3-4 El Paniermehl
Salz, Pfeffer, Chili, Paprika
Senf
2-3 hartgekochte Eier
Kartoffeln
grobes Meersalz
etwas Öl

Hackfleisch, Eier, gewürfelte Zwiebeln und Paniermehl kräftig mit den Gewürzen abschmecken. Zwischendurch die drei Eier in ca acht Minuten hart kochen. Jetzt das Hackfleisch in eine Auflaufform oder Kastenform füllen. Mittig darin die hartgekochten Eier verstecken. Mit Hackfleisch bedecken. Jetzt den Hackbraten im Backofen bei 200° C ca 60 Min garen.

Die Kartoffeln kräftig waschen und in Spalten schneiden. Auf einem Blech verteilen, mit etwas groben Meersalz bestreuen und leicht mit Öl beträufeln. Sie kommen eine halbe Stunde mit in de Backofen.

Der Hackbraten wird in Scheiben geschnitten und zusammen mit den Kartoffeln angerichtet. Dazu passt ein grüner Salat.

Mai

Otto

Lisa weer düll. Nu kunn se al weer achter Otto anlopen. Dreemaal in Week kunn se hüm bi Marlene wegholen. Daar seet he denn midden manken de Damen un leet sik bewunnern. Otto weer ganz mooi van sik innomen, wenn he mit stolt erhoben Kopp daarhen treden de. He weer aver ok fein antokieken. Dat muss man hüm ja laten. Van Feerns hör Lisa hüm al: Kikeriki, kikeriki! So en kräftigen Roop harr hier in Kuntrei kieneen Hahn. Dat he aver immer frömdgahn muss! Schienbaar weer he mit sien Höhnervolk bi Huus nich tofree. De Höhner von Marlene harren ja kien Hahn. De lepen buten un begröten hüm immer mit groot Gekakel. Waarüm ok immer. Marlene harr sik daar ok al över wunnert.

Irgendwenner wurr Lisa so düll, dat se Otto dat Mietverhältnis künnigde! Se weer mit Marlene övereen komen, dat Otto bi ehr en neei Ünnerkomen finnen schull. Se wullen dat eerst utproberen, of sik dat prachtvull Deert wollföhlen würd. Wat maakde Otto do? He gung na Lisa torügg! Nu kunn Marlene Otto weerholen. He bruuk sien groten Hofstaat. De Froolüü vernarrbruken maak hüm so richtig Spaaß. Lisa un Marlene beschnacken sik weer. Lisas Höhner schullen nu ok noch ümtrecken. De grötter Stall beseet Marlene. De Hohn weer ok al ehr Egendoom. Denn kemen daar nu noch de veer Höhner to.

Daarmit weer dat Feddervolk van Marlene up teihn anwussen. Lisa kreeg regelmäßig Eier van. Nu bruuk nümms mehr de Hahn Otto infangen. He bleev bi Huus un leet sik van sien Harem bewunnern. Otto wull sik sien Tohuus sülfst utsöken!

Bandnudels mit Brokkoli un Lachs

500g Bandnudels
500g Brokkoli
2 Pkt rökert Lachsschieven
Solt
1 Pkt Hollandaise

De Nudels na Vörschrift in Soltwater koken, avgeten un avdrüppeln. Ok de Brokkoli lütt schnieden, in Soltwater koken un afdrüppeln. Nu en Auflaufförm fetten un de Bandnudeln as Nüsten daar in dreihen. In disse Nüsten de Brokkoli verdelen un daaröver denn de Lachsschieven. Allens mit Hollandaise övergeten. Bi 175°C 15 – 20 Min överbacken.

Tip: In lütt Förms överbacken gifft dat en mojen Vörspeise.

Bandnudeln mit Brokkoli und Lachs

500g Bandnudeln
500g Brokkoli
2 Pkt geräucherte Lachsscheiben
Salz
1 Pkt Hollandaise

Die Nudeln nach Vorschrift in Salzwasser garen, abgießen und abtropfen. Auch den Brokkoli putzen, in Salzwasser garen und abtropfen. Jetzt eine Auflaufform fetten und die Bandnudeln wie Nester hinein drehen. In diese Nester den Brokkoli verteilen und die Lachsscheiben dann darauf. Jetzt alles mit

Hollandaise übergießen. Bei 175°C 15 – 20 Min. überbacken.

Tip: In kleinen Formen überbacken ergibt es eine schöne Vorspeise.

Juni

Viele Köche verderben den Brei?

Nu we dat so wiet. Fidi un Rieko ehr 40. Hochtiedsdag stunn bivör. Dat sull nu ok fiert werden. De Kinner un ok de Navers harren sik anmeld. Ok en Bogen wullen se bringen. Dat Jubelpoor wull daarup richtig en utdoon. So lang mit een un sülvig Froo of ok Keerl holt dat nich jedeneen vull.

Rieko harr sik överleggt, dat se en goden Pott vull Gulasch mit Roodkohl un Bohnensalaad koken wull. Fidi bestell sik noch rood Gört mit Vanillestipp, sien leevsten Nadisk. So geev dat genoog to doon för de Festdag. Toeerst inkopen: Sowat 5kg Fleesk bruuk se un wat daar anners noch so weer: Roodkohl, Gulaschgewürz. Muß doch goden Smack anbrocht werden. Frücht för de rode Gört weren nich mehr genoog infroren. Vanillestipp fehl up ehr lang List ok nich. För dat Drinken weer Fidi tostännig. Beer, Sprudel, Water un in dat lütt Glas sull ok ja noch wat in. Van allens kööf Fidi in. Sogaar an Sötigkeiten un Knabberejen dach uns Slickerfio.
En Dag för dat grode Fest stunnen Rieko un Helga in de Köken un weren an 't Brutzeln. All dat Fleesch muß anbraden werden. Schalotten wurden schnippelt un kemen daarto. De Poggenstöhl geven deen besünnern Pfiff daaran. Dat Helga al maal en beten Tomatenmark mit in de Pannen doon harr, drüff ehr Moder nich wöten. No ehr Dünken much se dat nich.

Aver: was ich nicht weiß, macht mich nicht heiß. Dree Pannen vull mit all de Leckerejen stunnen up Ovend un koken för sik hen. Jeden för sik smuck good. Ok de Roodkohl un de Bohnensalaad luren, dat de Gasten annern Dag kemen. Nu mussen de dree grood Pannen tohoop kippt werden un denn sull dat ok noch schmecken. Fidi läster bi d` Tee drinken al: „Viele Köche verderben den Brei!" Helga schmuck deen Gulasch in den groten Pott so richtig good af. Denn fung se an to Kartuffeln schielen un seeg nich wat ehr Moder maak: Rieko kipp twee Tuten Gulaschgewürz in Pott un röhr üm. Fidi, deen Leckerbeck, keem üm Eck to frogen: „Kann ik al wat probeeren?" Glieks nehm he sük mit en Lepel en Proof ut de Gulaschpott. He fung an to speutern un prusten. „Wat hebbt ji daar denn broot? Dat is so scharp. Dat brennt di dat Halsgatt dicht!" Tomaal stunnen de beid Froolüü bi d` Pott to pröven un japsen ok.

„Mama, wat hest du maakt? Wat hest du daar in doon? Dat weer doch klaar!" „Wieso? Dat Gulaschgewürz muß daar doch noch to!" „Ik harr dat doch laang würzt un dat schmuck good!" Rieko fung an to blarren: „Wat maakt wi nu denn? Wi köönt dat dat ganz Fleesch doch nich weg doon." „Hest du Sahne in Huus? Denn laat uns en groten Deel Sooß ruut geten un dör wat Water un Sahne ersetten. Papa, un du geihst hen un köffst noch Sahne in. Un bring ok noch en Kist Beer extro mit. De bruukt ji! Bratensoße kannst du ok noch mitbingen, wenn wi daar so woll kien Schmack ankrieggt!" Helga versööch to retten, wat noch to retten weer.

An deen nächsten Dag wurr de Bogen inhangen. Denn seten de Navers an de deckt Disch un luren wat daar kamen schull. Nu geev dat dat Eten. All grepen düchtig to un leten sük den Gulasch mit Roodkohl un Bohnensalaad schmecken. Een üm anner prohl sogaar över deen schmackelken Gulasch

Deen Avend truck sük noch lang hen un mennig Beer un ok Sprudel is daar bruukt wurden to Dörst stillen. En poor Daag later hebbt sik aver all bi Rieko un Fidi för dat mooi Fest bedankt. Dat schullen se ruhig noch maal weer maken – van to scharpen Gulasch wurr nich schnackt.

30

Schokoladentoort

4   Eier
1 T Zucker
1   Vanillezucker
3 T Mehl
1   Backpulver
1 T Melk
½ T Öl
4 El Backkakao
6 B Schlagsahne
6 T   Sahnesteif
2 KL Zucker

All Todaten to en Deeg verröhren un in en Springförm
füllen. Backen bi 180°C Ober/Unterhitze
Good afköhlen laten. Nu de Sahne mit Sahnesteif un
Zucker stief schlaan. De Toort twee maal
döörschnieden un jeder Schicht mit Sahne füllen.
Boven un ümto genauso mit de Sahne bestrieken. De
Toort in 16 Stücken delen un garnieren.

Schokoladentorte

4   Eier
1 T Zucker
1   Vanillezucker
3 T Mehl
1   Backpulver
1 T Milch
½ T Öl
4 El Backkakao

6 B Schlagsahne
6 T Sahnesteif
2 Kl Zucker

Alle Zutaten zu einem Teig verarbeiten und in eine
Springform füllen. Backen bei 180°C Ober/Unterhitze
Gut abkühlen lassen. Jetzt die Sahne mit dem
Sahnesteif und dem Zucker steif schlagen. Die Torte
zwei Mal durchschneiden und jede Schicht mit Sahne
füllen sowie oben und außen mit Sahne bestreichen.
Die Torte in 16 Stücke teilen und garnieren.

Juli

Gerd sien Tehn

As Gerd mondagmoorn no de Arbeit gung, se sien Froo Helga to hüm: „Gerd, bring, wenn du nahst weerkummst even en Pund Swartbrood van de Backer mit. Dit is dat letzt Stück. Denn bruuk ik mi nich eerst up Padd maken. Ik wull bi dit mooi Weer ganz Daag in`t Kruuttuun."

Bloß as he namiddags weer keem, harr he dat Pund Swartbrood total vergeten. „Ja," see Helga „denn kriggst du moorn blot Stut mit no d´ Arbeit. Aver du geihst ja noch hen to Boßeln, denn kannst du ja noch bit Backer lang gahn." „ Jo, jo, dat maak ik, ik denk daar an, " see Gerd un weg weer he.

No dat Boßeltraining geev dat noch en lütten Söppke ut Buddel un de Mannlü vergeten ganz de Tied. As Gerd weer bi den Backerladen vörbi keem, weer de al lang dicht. Naja.

Helga reeg sük düchtig up: „ Denn gifft dat moorn eben bloß Stut mit no d´ Arbeit, dat hest du nu aver sülvst schullt." „Jo, jo" grummel Gerd: „Dor help ik mi denn woll mit." Se harr hüm woll up verkehrt Been erwischt. Annern Daag gung he mit sien Stückertask vull Stut no de Arbeit up Boustee.

Gegen Middag muß he nochmal no de Warkstee üm Boustoff to holen. Do keem he ok bi en Slachterladen vörbi. He hullt an un köff sik en mooi groot frisch braden Kotelett, dat weer doch anners wat, as sien

33

drögen Stut. We ja gelacht, wenn he nich satt kriegen schull an dissen Daag.

In de Middagspaus wull he sik dat lecker Swienflesk good smecken laten. Blot as he dat tweed maal afbieten de, beet he genau up deen harten Knaak un do knapper dat ok al. Gerd verschruck sük düchtig. Kotelett bi Siet un ruut mit dat Gebitt. Oh, nu weer hüm doch glatt en van sien mooi, witt Tehnen afbroken.

He pack sien Task, reep van Tschüß un fohr gau no Huus. As Helga de Geschicht mitkreeg, muß se eerst düchtig lachen: „Dat hest du sülvst Schuld. Harrst du mi Brood mitbrocht, denn weer dat nich passeert." Gerd we so in Brass, dat he sük eerst övergeven wull, denn much de Tehn ja woll weer kamen. He nehm en flachen Kumm un sett sik buten up Bank, üm to spejen. Helga pack intüsken sien Stückertask ut un ünnersöch dat Kotelett un wat seet daar tegen de Knaak? Genau, Gerd sien Tehn!

Se suus no buten un reep Gerd to: „Hol man up to würgen, dien Tehn is hier." Helga kook hüm nu at eerst en Teller Tutensopp, denn se harr ja immer noch kien Brood. De kunn he ja ohn kauen wegslubbern. Üm twee reep se bi de Tehnendokter an un vertell de Saak.

De Dokter maak Gerd en Termin bi dat Dentallabor in Jever, dor muß he sik üm veer Ühr infinden. De Kusenklempners bekeken sik sien Gebitt un kleven dor en nejen Tehn in. No een Stünnen harr Gerd sien

Eetzimmer weer up Stee un kunn weer tobieten. Nu muß he blot noch fiefundartig Euro betohlen un de Fall weer erledigt. Sien eerst Tuur no Huus hen gung bi deen Backer lang un he kööv sekerheitshalber glieks twee Pund Swartbrood.

Nudelsalaad

250g Muschelnudels
1 l. D Arven u. Wuddels
1 l. D. Mais
5-6 Lauchschalotten
(1 roden Paprikaschote)

Salaadsooß:
5 El Essig
5 El Öl
5 Tbl Süßstoff (in Water uplöst)
Solt, Peper, Chilipulver

De Muschelnudels na Vörschrift garen. All Gemüüs afdrüppeln, de Paprikaschote putzen un fien würfeln. De Lauchschalotten in lütt Ringen schnieden. All Todaten tosamen doon. Nu dat de Salaadsooß anröhren ut Essig, Öl, uplösten Süßstoff un de Gewürze. Kräftig afschmecken . Över de Salaad geten un döörröhren. Good döörtrecken laten un denn noch maal afschmecken. De Salaad passt to Grillfleesch.

Nudelsalat

250g Muschelnudeln
1 kl D Erbsen u. Möhren
1 kl D Mais
5-6 Lauchzwiebeln
(1 rote Paprikaschote)

Dressing:
5 El Essig
5 El Öl

5 Tbl Süßstoff (in etwas Wasser aufgelöst)
Salz, Pfeffer, Chilipulver

Die Muschelnudeln nach Vorschrift garen. Alle
Gemüse abtropfen, die Paprikaschote putzen und fein
würfeln. Die Lauchzwiebeln in feine Ringe schneiden.
Alle Zutaten zusammen fügen. Jetzt das Dressing
rühren aus Essig, Öl, aufgelösten Süßstoff und
Gewürzen. Kräftig abschmecken. Über den Salat
geben und durchrühren. Gut durchziehen lassen und
dann nochmals abschmecken. Der Salat passt zu allem
Gegrillten.

August

De neei Kapell

van Herbert Gerjets ut Reepsholt

Een ollen Müürmann vertell mi ut sien aktiv Tieden as dat up Boo noch veel ruhiger un spassiger to gung un af un to ok noch een lütten ut Buddel geev: Vör Jahren hei wi bi uns in`t Nahverdörp up Karkhoff en nejen Kapell bout. In de Tied ween de Müürkers immer noch düchtig dörstig. Vondaag is dat ja nich mehr so. Damals geev dat jeden Dag Kööm un Beer. Bloß wenn de Pastor üm Eck keem, denn mussen all Buddels flink verswunden ween. He seeg dat gar nich geern, wenn up sien Karkhoff drunken wurd. Aver wat verboden is, dat mookt ja bekanntlich am meesten Spaaß.

Wi Müürkers un Timmerlüü fun`n aver immer weer en Weg worr wi uns Drinkels her kregen. Wenn neei Handwarkers up Bostee kemen, mussen de Lehrjungs at eerst even de Schoh putzen, dormit de een lütten springen letten. Anners bruken se garnich anfangen to Arbeiden, dat worr nix.

Eenmaal geev dat vörmiddags al en goden ut Buddel un de Topleger we rein wat duun worden. He leeg sük in Middagspaus in Gras un verhol sük en beten. De Lehrjungs, de ja bloß Blödsinn in Kopp harren, bogen een isern Betonmatt rund un stoken de mit Spitzen över deen Pläsmann in Grund. An beid Ennen noch een lütt Gitter vör un nu sett he as en Löw in Käfig. De Pläsmann släp un snurk sien best. Al Handwarkers

38

stunn dorbi un amüsieren sük. Bloß wat nu, Pastor we in Anmarsch. Nu we Holland in Not. Dat geev eerst weer en Segen van boven.

As de Kapell meest kloor we kemen ok immer mehr Lüü, de up Karkhoff to doon harren oder de bloß even neeschiern wullen, in de Neeiboo rin. Hier ween de Lehrlings up zak, flink mit en Plünn övert Schoh un denn keem deen ollen Spröök: „Dir zu Ehren, uns zum Nutzen wollen wir dir die Schuhe putzen!"

Veel Lüü seen: „Wi wullen jo ja geern en Mark geven, hebbt aver gar kien Knipp in Tasch." Denn keem uns Mürkerbaas un snack even poor Wöörd mit de Besökers, de meesten kenen sük ja. He vertell denn immer, dat in de neei Kapell de Luft ja so düchtig dröög we un föhl sük denn ok so noor an Hals, denn leten de meesten sük al wat marken. De Baas reet van een losen Zementtut, de immer för sük`s Begebenheiten parat legg, een stück Papier av, schreef daar denn up van „Schuldschein über .... Mark" un geev deen Zedel mit Bleestift no de Lüü ohn Geldknipp röver. De leten sük hier up Karkhoff ja nich geern lumpen, dragen dor een Summ in un ünnerschreven. Biet Koopmann worden de Schuldschiens inlöst un so gung manch Buddel Genever övern Tresen. He harr mit de Tied sien ganz Spiekerbrett vull „Zementtutengotschiens." Of he sien Geld woll all kregen hett?

As de Dischlers de Kanzel upstellt harren, muß dat natürlek ok werr „begoten" worden. De Timmermannsbaas muß up Kanzel to predigen. Wi anner Handwarkers verdehlen uns in Kapell, üm to luurn of de „Akkustik" woll good we. He predig van dit un dat un van hundert in dusend. He loog dat sük de Balken bogen un kreeg sogoor Applaus.

Bloß, dat de Pastor al de ganze Tied achtert Döör stund to luurn, dat harr nüms murken. Nu geev dat een Dönnerwetter, daar kunnen sük all Handwarkers Hannen un Fööt an warm. De Pastor schafuter as en Swartschacker word Katt achter to seht: „Das ist ja hier wie Sodom und Gomorrha, dass muß sofort ein Ende haben!"

Van deen Dag an, bit Vondaag hett dat in de Kapell kien Snaps un Beer wedder geven.

Bunten Gemüüspaan mit Hähnchen

je 1 Paprikaschote in rood, geel, gröön
3 lütt Zucchini
3-4 middelgroot Schalotten (rood)
2-3 Knoblauchzehen
3-4 Tuffels
500g Champigons
500g Minitomaten
Öl
Solt, Peper, Paprika
1 Hähnchen (1200 -1400g)

All Gemüüs up groff Stücken schnieden, mischen un up en Backblick oder en Fettwanne verdelen. Nu dat Hähnchen utnanner schnieden, würzen un in Stücken up dat Gemüüs leggen. Mit wenig Öl bedrüppeln. Na en halv Stünnen Gaartied bi 200°C allens wenden un noch maal en halv Stünnen gaar maken. Daarto schmeckt Mehrkornbrood.

Bunte Gemüsepfanne mit Hähnchen

je 1 rote, gelbe, grüne Paprikaschote
3 kleine Zucchini
3-4 mittelgroße Zwiebeln
2-3 Knoblauchzehen
3-4 Kartoffeln
500g Campignons
500g Minitomaten
Öl
Salz, Pfeffer, Paprika
1 Hähnchen

Das Gemüse in grobe Stücke schneiden, mischen und auf einem Backblech oder einer Fettpfanne verteilen. Jetzt das Hähnchen zerteilen, würzen und in Stücken auf das Gemüse legen. Mit ein wenig Öl beträufeln. Nach einer halben Stunde Garzeit bei 200° C alles wenden und nochmals eine halbe Stunde garen. Dazu schmeckt Mehrkornbrot.

September

Aanten foren

Greta un Jelko holen sik elk en Schief Stut. Se wullen daar mit in de Busch to Aanten foren. Ehr Papa weer flietig in Tuun an arbeiden un seeg nich, wo se achtern ruut versvunnen. Greta droog dat Stut in ehr lütten Inkoopskörv. De Weg na de See weer nich wiet un se weren flink daar.

„Wat sünd hier veel Lüü ünnerwegens. Is di dat ok upfallen, Jelko?" froog Greta ehr Bröör. „Schullen de ok Aanten foren. De goht immer weer in Busch rin un annern kaamt daar weer ruut. Hopentlik verloopt de sik nich."

Nu wurren aver eerst de Aanten fouerd. Eerst kemen de nich an den Rand. Do versögen se dat up deen lütten Steg un hebbt dat Brood up de Aanten an schmeten. Se kennen dat noch nich un probeeren vörsichtig. Dat düür nich lang un daar kemen all mehr un wullen sik en Leckerli afholen. Schullen de Aanten mit ehr Geschnatter de all binanner ropen hebben? Dat beten Brood, wat de beiden mitbroocht harren, weer aver flink up. Se schmeten denn noch Gras in de See. Dat schmuck de Aanten aver nich so good.

Nu weren de Beiden aver neeisgierig, wat all de Lüü mit ehr Körven maken. Se keken sik dat genau an. „Ik hebb sehn, wat de all in ehr Körven hebbt. Daar sünd Poggenstöhl in. De söökt se hier in disse Busch. Mama un Papa möcht de doch so gern. Wi söökt ok welk!" De öllere Greta wuss ok glieks, wo dat muss. „De sammelt wi in uns Körv un nehmt de mit!"

„De Lüü hebbt soveel stohn laten: Kiek eben hier, so en mojen mit roden Hoot un daar ok noch. Daar is en brunen un an Boom wast ok noch welk." „Wi plückt de un nehmt de mit." Dat düür nich lang un ehr lütten Körv weer randvull. Nu mussen se graad up Huus an, bevöör Mama un Papa ehr söken deen.

De beid Utrieters hören ehr al ropen un Mama klung gar nich blied. „Mama, kiek maal! Wi hebbt di Poggenstöhl mitbroocht. De mööcht ji doch so gern." Mama schullt düchtig! „Weren ji al weer alleen in de Busch? Ik hebb mi Sörgen maakt! Dat hebbt wi jo doch verboden. Un de Pilzen, de ji mitbroocht hebbt, sünd meest all giftig. Wenn man de söögt, mööt man de genau kennen. Sonst kann man daar düchtig krank van werden. Ik keen de ok nich all. Aver bi dissen wööt ik, dat de düchtig giftig is: Dat is de Flegenpilz. Laat de daar wassen, waar he is. Dissen een hier kunn en Braunkappe wesen. Bi de anner wööt ik dat nich so genau. Ik schmiet de nu all weg un ji goht hen un wascht jo ganz düchtig de Hannen."

„Daarüm hebbt de Lüü ok all disse Poggenstöhl stohn laten." Greta wuss dat nu woll. „Mama, köönt de uns nich maal de richtig Poggenstöhl wiesen? Denn köönt wi ok welk söken." Greta gung so gern in de Natur. „Ik mööt mi sülvst maal erkunnigen bi een, de sik daar mit utkeent. Denn lehrt wi dat mitnanner. Hier gifft so en School."

Nu wurren de Kinner aver rinschickt. Se weren ja weer maal utreten in de Busch.

Deckten Appelkook (up´t Blick)

Deeg:
2   Eier
200g Zucker
250g Margarin
500g Mehl
1 P   Backpulver
1 Kt   Melk oder Water

Belag:
1 kg Appelvierdels
Zimt

Guß na´t Backen:
1 P. Puderzucker
2 El Rum
wat Water

Rührteig herstellen, en Deeghälft up dat fett
Backblick strieken. Daarup de Appelvierdels verdelen
un mit Zimt bestuven. Nu de anner Deeghälft
daaröver lopen laten.

Backen: 180°C 35 – 40 Min

Nu noch mit de Guß övertrecken.

Gedeckter Apfelkuchen (auf dem Blech)

Teig:

2   Eier
200g Zucker
250g Margarine
500g Mehl
1 P Backpulver
1 Kt Milch oder Wasser

Belag:
1kg Apfelviertel
Zimt

Guß nach dem Backen:
1 P. Puderzucker
2 El Rum
etwas Wasser

Rührteig herstellen, eine Teighälfte auf das gefettete Backblech streichen. Darauf die Apfelviertel verteilen und mit Zimt bestäuben. Jetzt die andere Teighälfte darüber laufen lassen.

Backen: 180° C ca. 35 – 40 Min

Nach dem Backen mit dem Puderzuckerguß überziehen.

Oktober

Draken stiegen laten

van Herbert Gerjets ut Reepsholt

As ik güstern uns Naverskinner sehn hebb, wo se hör Drakens stiegen leten, do muß ik mi wunnern, wat dat al för mooi Drakens gifft.

En seeg ut as en Odler, de anner harr en Figur as en Düsenjoger. Un dat ok noch ut Plastik mit Siedendook bespannt, mit twee Snoorn, de heten Stüürdrakens un flogen ok noch daar hen, waar se hen schullen. Do muß ik an mien Kinnertied denken, as wi uns Drakens noch sülfst bouen deen. Man wat weer dat för en Arbeit. Eerst gungen mien Bröör un ik na den Dischler un frogen no en poor Liesten. Wi harren Glück, denn wi kregen welk ümsünst.

Jetzt gung dat los, dat bouen harren wi al buten Kopp. Eerst de Liesten to en Krütz tosamen hauen un Hüselband üm de buterste Enn van dat Krütz spannen. Denn holen wi van Buur Gerdes en losen Swienmehltuut, trennen de enkelt Schichten mooi utnanner un maken dat Papier fein glatt. Hierna muß ik (ik weer de Lüttst, ik muß immer lopen) Opa`s groot Schaapscheer holen, denn de weer erbarmelk scharp.

Nu wurr dat Krütz up dat Swienmehlpapier leggt un mien Bröör sneed daar üm to. Ik pass up, dat nix verrutschen de. As dat tosnieden doon weer, do muß ik weer los un Kliester besörgen. Eerst bün ik no

Vader gohn un hebb hüm fraagt, of he nich en beten Kliester för uns harr, doch he see: „Am besten kleevt Schnött un heet Asch." Man dat wull mi nich so recht in Kopp.

Moder, de wuss Raad: „Nehmt man Wetenmehl un Water, dat kleevt ok," un recht un good, dat gung.
Nu noch de Steert, wi nehmen twee Meter Band un all dree Handbreed wurren daar Papiersleifen anbunnen. Uns lütt Süster, leep al gaanz Tied mit Tuschkasten rüm. Se wull deen Draken en moin Ulenspegelgesicht malen.

As dat klaar weer, do fehl uns noch Hüselband, aver dat weer kien Problem. Wiel ja Harsttied weer, ween Moder un Oma bi d` Bohnen. Daar kunnen wi uns woll en poor Rull Bohnenband stiebitzen, daarmit dat endlich losgahn kunn.

Nu weer dat sowiet, de eerst Start. Ik holl den Draken fast un mien Bröör röön, wat dat Tüügg hollen kunn, aver dat weer nix. Ik harr up Steert trappelt un de Steert weer af. Nu, de Steert weer daar flink weer an, un nu nochmaal, un recht un good, he gung hoch! He wurr al ganz lütt, doch swuppdiwupp sloog he Saltos un hau mit Kopp in Grund. Heiko se blot:„Steert to liecht!"

Nächst maal weer de Steert to swaar, denn weer to liecht un so hett uns dat noch faken gahn. Aver wi hebbt dat upletzt doch noch togang kregen. Nu stunn uns Draken hoch över uns Huus. Ik glööv dor hett he en poor Daag lang stahn.

49

Wat hebbt de Kinner dat vandaag doch eenfach, wenn se en Draken stiegen laten willt.

Heringssalaad

1 Glas Bismarckherings
3   Gewürzgurken
2   Appels
3 hartk. Eier
3 gek.   Rood Beten
1   Schalott

ca 200g Majonääs
2 – 3EL Sahne

Bismarckherings in mundgerecht Stücken schnieden.
Gurken, Appels, Eier, Rood Beten in lütt Striepen un
de Schalott in fien Würfels schnieden. All mit de
Sahne ünner de Majonääs mischen un good
döörtrecken laten.

Dat passt to frisch Brood oder Pellkartuffeln,
Braadkartuffeln.

Heringssalat

1 Glas Bismarckheringe
3   Gewürzgurken
2   Äpfel
3 hartgek. Eier
3 gek. Rote Bete
1   Zwiebel
ca 200g Majonäse
2 – 3 El Sahne

Bismarckheringe in mundgerechte Stücke schneiden.
Gurken, Äpfel, Eier, rote Beten in feine Streifen und
die Zwiebel in feine Würfel schneiden. Alles mit der
Sahne unter die Majonäse mischen und gut
durchziehen lasssen.

Dazu passt frisches Brot oder Pellkartoffeln,
Bratkartoffeln.

November

Well is daar utreten?

Greta un Jelko kemen weer van't Spelen bi ehr Frünnen Nati un Timo. Dat weer al schummerdüster. Up de Weg na Huus kemen se an en afhäckselt Maisacker vörbi. Greta wull noch graad en paar liegenbleven Maiskolben mitnehmen.

In en Eck weren sogaar noch en paar Maisplanten stohn bleven. „Kiek maal, Jelko, wat hangt daar denn an de Maisplant? De buggt sik ja bolt andaal." Vörsichtig schleken de beiden sik ran. „Wat is dat för en Deert?" Jelko wuss nich, wat dat weer. „De sütt ut as Luca sien Möffel un dat is en Hamster! De leevt doch in en Käfig." „Wi fraagt moorn Herrn Dahlke. De is doch Förster un mööt dat wöten."

In Huus vertellen se ehr Mama un Papa, wat se sehn harren. De wussen dat ok nich. Se menen, dat dat viellicht en dicken Muus ween harr. „Nee, de seeg doch so ut as Lucas Möffel!" So gungen de Kinner anner middag glieks na d´ School na Herrn Dahlke. He hör sik dat in Ruh an.

„Dat gifft en Deert, de nöömt sik Feldhamster. De is so bunt. Up Rügg is de so graubruun un de Buuk is schwart. Denn is he noch en beten witt un hellbruun. De sammelt Kaarns in sien Hamsterbacken. De bringt he in sien Bou, daar schlöppt he in Winter.

Tüschenin wurd he waak un knabbert daar van, fallt denn aver so wedder in depen Schloop. In Sömmer

söggt he sik denn ok Klever, Wuddels, Knullen oder Röben. Käfers un Regenwürms mach he aver ok."
„Waarüm hebbt wi de noch nie sehn? So lütt is de doch gar nich. De is bolt so groot as en en Rött." Jelko wunner sik. „De leevt hauptsächlich in de Früchtackers oder ok en Maisacker. Wenn du veel Glück hest, maal an en Feldweg. Daar waar he sik versteken kann vör de Voss oder Marder. Oder ok de Griebvögels fangt sik de woll."

„Waar kriegt de ehr Babys denn? Bout de en Nüst so as Vögels?" Greta maak sik Gedanken üm de Nawass. „Nee, de bout sik so Höhlen in de Ackers. So werd se nich sehn un hebbt ehr Fouer dicht bi. Hier kriggt se ok ehr Jungen. Dat sünd so twee Maal in´t Johr veer bit twölf Stück. De kaamt blind un nackend up Welt. Wenn de en vierdel Johr old sünd, sünd de al utwussen un mööt sik ehr egen Revier söken."
Herr Dahlke wuss so veel to vertellen. „Wööt ji denn ok, dat de in Freeheit blot en Johr werd un wenn man de in Huus hollt so ungefähr veer Johr?" „Oh, denn wünsch ik mi en Hamster!" meen Greta. „Denn do ik en good Wark."

Manuela un Simon weren aver nich so begeistert van en Huusdeert. Ehr reichen de Höhner, de se harren. Se freuen sik aver, dat ehr beiden soveel Neeis gewohr wurden weren.

Snirtje Braa

Fleesch van en Schwien:
tosamen 1,5 kg Nack, Ripp, Schuller, frischen
Buukspeck, Schink
3 frisch Wurst
3   Schalotten
Solt, Peper
Lorbeerblööt
Mehl

Dat Fleesch in nich to groot Stücken schnieden un van
all Sieden in Margarin anbraden. De Wurst ebenso
anbraden. Dat Fleesch mit Peper un Solt würzen. De
groff würfelt Schalotten mit anbraden un denn mit
Water aflöschen. De Fleeschstücken in 2 – 2 ½

Stünnen gaar koken. De letzt halv Stünnen 2 - 3
Lorbeerblööt mitkoken laten. Nu dat Fleesch up en
Plaat leggen un de Sooß mit in Water anröhrt Mehl
binden. Noch enmaal upkoken. Daarto passt
Soltkartuffels un Roodkohl, Kürbis.

Snirtje Braten

Fleisch von einem Schwein:
insges: 1,5kg Nacken, dicke Rippe, Schulterbraten,
frischen Bauchspeck, Schinkenbraten
3 frische Würste
3   Zwiebeln
Salz, Pfeffer
Lorbeerblätter
Mehl

Das Fleisch in nicht zu große Stücke schneiden und
von allen Seiten in Margarine anbraten. Die Wurst
ebenso anbraten.Jetzt das Fleisch mit Pfeffer und Salz
würzen. Die grob gewürfelten Zwiebeln mit anbraten
und dann mit Wasser ablöschen. Die Fleischststücke
in 2 – 2 ½ Stunden gar kochen. In der letzten halben
Stunde 2 – 3 Lorbeerblätter mitkochen lassen. Jetzt
das Fleisch auf einer Platte anrichten. Die Soße mit in
Wasser angerührtem Mehl binden. Noch einmal
aufkochen. Dazu passen Salzkartoffeln und Rotkohl,
Kürbis.

Dezember

Stutenkeerls

Giesela harr ehr Mama beden, Hauke üm Middag ut Kinnergaarn to holen, wenn se dat nich schaffen schull. Se wull na de Nikolaus hen.

För de Wiehnachtsmann schull ok noch wat utsööcht werden. Hauke harr sien eersten Wunschzedel al maalt. He wünsch sik en Füürwehrauto mit lüla.. Dat muss also Ton hebben. Denn much he geern Böker bekieken. Un wat to antrecken kunn he immer bruken. Aver dat wichtigst Ziel weer eerst de Froolüüdoktor. Ehr weer de letzt Weken so komisch to Moot. Se harr en Ahnung, daarüm wuss ok nümms, waar se achter to weer. Viellicht geev dat noch en Överraschung.

Bi de Doktor wurr se van ünnern bit boven up Kopp stellt. Se kreeg Blood afnohmen, muss Urin afgeven, wurr ok wogen. Denn keem de Doktor mit sien old Ultraschallgerät un de Gliertuuv. De keen se noch van Hauke un se much dat nich.

„Kiekt se maal hier: Seegt se dat? Daar bubbert en lütt Hart! Ik graleer düchtig! Se kriegt ehr tweed Baby!" Giesela leeg up de Liege un Tranen för Freud kullern ehr över de Wangen. Se weer so blied. Se harr dat woll al spürt, aver nich recht glöven wullt. Johann un se wünschen sik al so lang en lütt Süster oder Bröör för Hauke. Dat schull en Överraschung för Johann ween!

De Doktor reken ehr noch genau ut, wenner se mit ehr

Nawass reken drüffen. Dat schull Juli werden, en Sömmerkind. Giesela harr nu en fastwussend Grinsen in´t Gesicht, so freu se sik. Nu wull se sik eerst en Tee setten laten. De moje Naricht muss eerst verdaut werden.

Giesela kreis blot all en Gedanken in Kopp. Wo vertell ik Johann dat? Do fullt ehr wat besünners in. Se wull avends noch Stutenkeerls backen. Denn wull se dree groten un en lütten förmen un de in en Babyschoh van Hauke steken.

Graad besörg Giesela de Präsenten. Weer noch kien Wiehnachten un se bruuk blot en beten in de Nikolausstrümp. Allerdings kööf se twee Paar Babysocken un twee Schokoladennikoläuse. Jeder Nikolaus schull en lütt Paket up Rügg kriegen. Moorn kemen ehr Öllern bi ehr to eten un denn wull se ehr Geheimnis verraden, wenn Johann inverstohn weer.
Giesela reep bi ehr Mama an, dat se Hauke sülvst afhaal un se ehr Middagsschloop hollen kunn. De ganz namiddag sung Giesela mit Hauke Wiehnachtsleder. „Ihr Kinderlein kommet" harr en besünnern Klang för ehr.

Mit Hauke muss se ja noch sien Stevels putzen. Do keem he up de Idee, dat he Mamas un Papas Schoh ok för de Nikolaus upstellen wull. Överall kemen en paar Stück Zucker un en Paar Wuddels för dat Peerd in. „Mama, wi stellt för de Nikolaus ok en Buddel Water oder en Buddel Beer hen. De hett ok doch Döörst." Giesela leet sik vandaag veel gefallen. Se weer so blied.

Graad wurr Hauke na´t Avendbrood in sien Bedd schickt. Johann vertell hüm noch en Geschicht. Giesela fung al maal an de Hefedeeg för de Stutenkeerls an to setten. Dat düür ja al sien Tied. „Ik goh vör´t Kiekkasten. Du büst hier ja noch an wirbeln.Wenn du Hülp bruukst, musst du di melden." Genau daar harr se mit rekent. Nu graad ran an´t Förmen. Flink weren de dree groot Stutenkeerls klaar. Nu muss dat lütt Keerlke noch maakt werden. Daar harr se am mesten Freud an. Ogen, Mund un Knööp maak se bi all ut Rosinen. No en halv Stünnen Backtied bestreek Giesela de Keerlkes mit Botter un bestreei ehr mit Zucker.

De Schoh harr se al mit füllt mit Schlickers. Hauke kreeg daar en Lego – Füürwehrauto to. Up Johann luur en Packel mit Deospray un Duschbad. För sik sülvst harr se dat sülvig inpackt. Anners froog Hauke na, of se nich leev ween harr. Daar tegen stund nu en Babyschoh mit en lütten Wiehnachtsmann ut Schokolaad un en lütten Stutenkeerl. Graad maak Giesela noch en Foto.

Do keem Johann al üm Eck: „Wat maakst du noch so lang?" „Ik bün jüst klaar! Kannst maal kieken!" Johann keek un keek nochmaal. „Sünd dat veer Schoh?" „Jo, sünd dat." „Wat heet dat?" Mannlüü bruukt doch wat länger, bit se schalt. „Waarüm sünd dat denn Babyschoh?" Giesela verraad noch nix un grins vör sik hen. Do fung se an to summen: „Ihr Kinderlein kommet".

Tomaal gung Joann en Lucht up. „Giesela? Mussi? Is dat wohr? Kriegt wi weer en Puppke? Oh, wat freu ik mi! Ennelk en lütten Bröör oder Süster för Hauke!" De beiden stunnen midden in Köken to dukeln un schmusen. Se weren so blied.

„Ik hebb twee Poor Babysocken mitbrocht. De wull ik bi en Wiehnachtsmann up Rügg binden moorn. Wat meenst du? Denn wööt de tokünftig Grootöllern ok glieks Bescheed."

Anner Dag geev dat Gröönkohl mit all lecker Bilagen un Tuffels. As Nadisch harr Hauke sik Schokoladenpudding wünscht. Daarto geev dat Bernen. Denn keem de gröttste Överraschung. Giesela verdeel ehr Wiehnachtsmänner. De Grootöllern packen ut un wunnern sik un en freu sik noch mehr as de anner. Giesela un Johann wurden van allen düchtig drückt.

Hauke keek van en up anner un wuss nich wat los weer. „Mama, Papa, wat is los? Wat hebbt Oma un Opa?" „Och, mien groten Jung! Bolt büst du groot Bröör! Mama kriggt en Baby. Wi freut uns all so!" „Un waar is dat Baby nu? Bringt Wiehnachtsmann dat?" „ Nee, dat kummt eerst, wenn dat mooi warm is. Wi mööt noch lang luren. Du dröffst mi aver immer frogen. „Sien Mama nehm hüm in Arm. Nu geev dat eerst en lütten Spütter to anstöten, för Giesela un Hauke allerdings Appelschorle.

Stutenkeerl

500g Mehl
2 T   dröög Geerst
1 Tl   Solt
3 – 4 El Zucker
1   Vanillezucker
250 ml warm Water
1 Schööt Öl
Botter to bestrieken
Zucker to bestrejen

All Todaten 10 Minuten mitnanner verkneden. Denn disse Deeg in veer Delen delen un daarut Stutenkeerls förmen. Up Backpapier leggen. Goldbruun backen bi 200° C 30 – 40 Min.

Noch heet mit Botter bestrieken un mit fienen Zucker bestrejen.

Stutenkerl

500g Mehl
2 T   Trockenhefe
1 Tl   Salz
3 – 4 El Zucker
1   Vanillezucker
250 ml warmes Wasser
1 Schuß Öl
Butter zum bestreichen
Zucker zum bestreuen

Alle Zutaten 10 Minuten miteinander verkneten. Dann diesen Teig in vier Teile teilen und daraus Stutenkerle formen. Auf Backpapier legen. Goldbraun backen bei

200° C 30 - 40 Min.

Noch heiß mit Butter bestreichen und mit feinem
Zucker bestreuen.

Neeijohrskoken

500 g Mehl
4   Eier
500 g Kandis
250 g Botter
2 hööpt Tl Kardamom
1 hööpt Tl Kaneel
1   Vanillezucker
(1 Tuut ganzen Anis)
ca ¼ l Water (mestens bruukt man düdelk mehr)

Kandis in Water erhitzen, uplösen un afköhlen. Eier
un Botter in en Kumm geven un glatt röhren, afköhlt
Kandiswater mit döörröhren. De Gewüze ebenfalls
mit ünnerröhren. Nu langsaam dat Mehl togeven un
noch soveel afkookt Water, bit de Deeg anfangt
dünnflüssig to werden. Nu kann de Deeg Lepel för
Lepel in en Neeijohrsiesen verbackt werden.

Neujahrskuchen

500 g Mehl
4   Eier
500 g Kandis
250 g Butter
2 geh. Tl Kardamom
1 geh. Tl Zimt
1   Vanillezucker
(1 Tüte ganzen Anis)
ca ¼ l Wasser (meistens braucht man deutlich mehr)

Kandis in Wasser erhitzen, auflösen und abkühlen.
Eier und Butter in eine Rührschüssel geben, glatt

rühren, abgekühltes Kandiswasser mit durchrühren,
die Gewürze ebenfalls. Zuletzt das Mehl langsam
zugeben und noch soviel abgekochtes Wasser bis der
Teig anfängt dünnflüssig zu werden.
Jetzt kann der Teig Löffel für Löffel in einem
Neujahrskucheneisen verbacken werden.

Helma Gerjets

legt hier ihr zwölftes Buch vor. Die Mutter und Oma
hat als begeisterte Köchin viele ihrer Lieblingsrezepte
in hochdeutsch und plattdeutsch aufgeschrieben.
Mit Geschichten für jeden Monat bereichert sie dieses
Buch.

In diesem Buch sind auch noch drei Geschichten von
Ihrem verstorbenen Mann Herbert Gerjets
veröffentlicht

Henning H. Hinrichs hat nun das achte Buch gesetzt
und somit den Druck vorbereitet.
Dank auch an ihn.

Im Eingenverlag erschienen bisher folgende Bücher:

Höhnerklatsch
ISBN 978 374 311 501 9

Dat Leven geiht wieder
ISBN   978 375 286 750 3

Wurd weer Wiehnachten
ISBN 978 374 601 682 5

Familienbande
ISBN 978 384 822 353 4

Ünnerwegs
ISBN: 978 – 375 287 334 4

Andere Werke sind im Adlersteinverlag erschienen:

Kater und Stiekelswien
ISBN: 978 384 480 616

Is denn al Wiehnachten?
ISBN: 978 384 480 37 54

Mit Rieko und Fidi dör't Johr
ISBN: 978 384 823 188 67

Van't Eten un Drinken
ISBN: 978 373 228 476 4

Johann un Gisela – en Leevde
ISBN: 978 373 608 670

Neei Navers
ISBN: 978 – 373 920 501 4